물처럼 흐른다

정 수 연 첫 시집

프롤로그

첫 운이 떼어지지 않아
한참을 맴돌다,
이른 아침에 출근
책상에 앉아도
생각이 떠오르지 않는다

누구의 말처럼
합천 깡촌 촌년이
출세했구나!

결혼 후 서울에 왔고
세 아이의 가장이 되었고
어찌 어찌하다 보니
작은 사업체도 운영하게 되었고
늦게나마 대학을 다니며
시인대학에서 시를 배우고…
시간 나는 대로 써봤다.

시인이 되고 싶어 하셨던
아버지의 꿈들을
졸작이지만 내가 이루어 드리다니…

내 문학적 재능과
물리적 시간의 한계로
다듬어지지 않은 거친 조각들이 아닌지
심히 걱정되고 부끄럽기까지 하다.

시를 쓰면서 아버지를 참 많이
그리워하고 얼마나 큰 사랑이었는지
다시 한번 느껴봅니다.

독자 여러분들께서 예쁘게 봐주세요.
두루두루 감사드립니다.

                    2024년 7월 정말 더웠던 어느 날
                              시인 정 수 연

차 례

프롤로그/ 4

제1부 **지금처럼**/ 11

봄비/ 13
몽돌 해수욕장/ 14
네가 좋다/ 16
궁합/ 17
기대어 작은 아이처럼/ 18
이 기쁨/ 20
지금처럼/ 22
인연(1)/ 23
확인 사항/ 24
바람 솔솔/ 26
나이 듦/ 28
인생은/ 30

제2부 **그날이 봄**/ 31

자화상/ 33
아버지의 큰 사랑/ 34
아버지와의 추억/ 36
봄/ 38
마음의 봄/ 40
사랑/ 42
그날이 봄/ 44
입학식 소환/ 46
물처럼 흐른다/ 48
고양이/ 50
둘이서/ 52
아버지의 전화/ 54

제3부 **봉정암 가는 길**/ 57

종점/ 59
어머니의 노고/ 60
지하철/ 62
내 사랑은/ 64
우물/ 66
어머니/ 68
조개껍데기/ 70
매미/ 72
백담사 계곡/ 74
봉정암 가는 길/ 76
구름/ 78

제4부 **산과 같은 사람**/ 81

산과 같은 사람/ 83
인생사/ 84
워커힐/ 86
소중한 추억/ 88
나의 공주님/ 90
방앗간/ 92
영랑호/ 94
여의도/ 96
낙동강/ 98
인연(2)/ 100

에필로그/ 102

제1부 지금처럼

봄비
몽돌 해수욕장
네가 좋다
궁합
기대어 작은 아이처럼
이 기쁨
지금처럼
인연(1)
확인 사항
바람 솔솔
나이 듦
인생은

봄비

쏟아지는 봄비에
팔락거리는 나뭇잎

파르라니 떨림에
생명이 깨어난다

몽돌 해수욕장

엄마와의 마지막 여행
거제도 몽돌 해수욕장
파도가 때리고 가는
몽돌은
자그락자그락 자그락
옅은 신음 소리 내며
온몸을 동글동글 만들며

구순이 가까운 나이에
처음 해수욕장을 가본 엄마
엄마의 자맥질
아이처럼 해맑은 엄마의 물놀이
육십 딸이 쫓아가기가 버겁다

뜨거운 태양 아래
온몸을 불태운 몽돌
몽돌에 누워
온몸을 지진다

석양이 물들고
엄마는 바다를 떠나지 못한다

네가 좋다

네가 있어 좋다
내게 와준 네가 좋다
온전히 와준 네가 좋다

궁합

궁합이 무엇인디?
맞고
안 맞고

맞은들 어떠리
안 맞은들 어떠리

이리 뒹굴
저리 뒹굴
아래위 맞추며 사는 것이지

기대어 작은 아이처럼

기대어 작은 아이처럼
천진하게 살고 싶었다
삶의 고단함이 무엇인지도 모른 채
그저 기대고 싶었다

세월은 세월의 무게만큼이나
세차게 나를 흔들었고
세 아이와 나는
길거리에 내동댕이쳐졌다.

깨달았다
절대 빈곤은 사람을
망가뜨리고 인간성이 망가짐을

세 아이를 끌어안고 두 눈을 감는다
힘든 이 시간을 흔들리지 않고 잘 견뎌낼 수 있기를
내 아이들을 잘 지키며 힘든 시간을
이겨 낼 수 있는 힘과 용기와 지혜를 달라고
나의 슬픔이 아이들에게 전해질까 봐
속 울음을 삼키며 기도한다

신이여 온전히 살아갈 수 있게
보살펴 주소서

이 기쁨

너를 만난 기쁨
나에게 와준 이쁜 꽃들
세 송이
모란 같은
장미 같은
라일락 같은

내 삶의 원동력
그 무엇과 비교 할수 있으리
내 삶은 너희들이 있어
너무나 행복한 삶이었다
존재 자체가 행복이었다

지금처럼

지금만큼 사랑하고
지금만큼 평화롭고
아늑한 시간들을

공유하고
누릴 수 있다면
무엇이 더 부러우리

인연(1)

모든 일이 그렇듯이
인연이 합당해야
좋은 결과가 있는 법이다

확인 사항

동동거리며 하루를 시작하고
실수로 빠뜨리지 않기 위해
확인 확인 또 확인

그러한 시간들이
쌓여서
지금의 내모습이 있는 걸까
느린 걸음 가벼운 발짓으로

종종 하루를 마무리하며
지는 노을을 바라보는 마음
행복이 민들레 홀씨처럼
흩날린다

바람 솔솔

등 따습고
배부르니 무엇이
부러우리

팔베개 삼아 누워
솔솔 부는 바람
발을 간지럽히고
코끝을 스치는
흙냄새 바람 냄새

아!
행복하다

후두둑 소나기 한줄기
쏟아지면 금상첨화일 텐데

나이 듦

나이가 들어가는 게
넘 좋다
젊은 날 타인에게는 관대하지만
나 자신에게는 관대하지 못하여
사소한 일에도 혼자 자책하고
속으로 콩을 볶았다

나와 다름을
인정하지 못하고
세상을 흑과 백의
잣대로만 보았다

세월이 흘러
나 자신에게도 내려놓음을 할 수 있고
나 자신을 사랑할 줄 알고
나에게도 너그러워졌다

꼭 오늘이어야만 되는 줄 알았는데
오늘이 아닌
내일도 괜찮아 하면서
두 발로 툭툭 차 버릴 줄도 안다

무엇이 옳고 그른지
모호해진 시대
중요한 건 타인에게
피해를 주지 않는 것

인생은

인생은
거미줄 같은
날줄과 씨줄의 조합이다

제2부 그날이 봄

자화상
아버지의 큰 사랑
아버지와의 추억
봄
마음의 봄
사랑
그날이 봄
입학식 소환
물처럼 흐른다
고양이
둘이서
아버지의 전화

자화상

인생은 육십부터

꽃길이 따로 있나

내 인생이 꽃길인 것을

아버지의 큰 사랑

그리운 나의 아버지
아버지
아버지가 계신 그곳에서는
행복하신가요

아버지가 떠나신 후에야
아버지의 그 크신 사랑을
다시 한번 느낍니다

언제나 말씀이 없으셨던 아버지
까맣게 속 태우며
막내딸을 지켜보고 계셨던
말 없으시던 그 심정
어찌 다 헤아려 표현할 수 있을까요

막내딸의 안부를
묻지도, 물어볼 수도 없었던
아버지 심정 이제야 헤아려 봅니다

그것이 얼마나 큰 사랑이었는지
이제야 새삼 느껴봅니다

아버지와의 추억

어릴 적 잔병치레가 많던
막내딸의 숙제로
동시를 지어주던 아버지

더운 여름날
마당에 있는
깊은 샘물 퍼 올려
차가운 물로
등목시켜 주셨던 아버지

어릴 적
아버지 꿈이 뭐냐고 물었다
망설임 없이 나오던
아버지의 대답

시인이 되고 싶었지.
지금
아버지는 어느 별에서
시인이 되었을까

어릴 적
아버지가 지어줬던 동시처럼
서쪽 하늘에 반짝반짝
빛나는 별이 되었을까

그리운 아버지

봄

봄은 골목길 돌아서 나오는
무지갯빛 아지랑이로부터
훈풍의 물결이 파도치듯이
어느 순간 나에게 와 있다

연둣빛 고운 살결들
올망졸망 속살 내밀어
대지에 푸른 옷 입힌다

이내 내 꿈도
한 꺼풀 더 입어
하늘 높이 높아만 간다

마음의 봄

내 마음의 봄날이 시작된 육십
내 삶의 책임을 내려놓았을 때
나에게 봄이 왔다

태어나 부모님
그늘 아래 삼십 년
출가하여 자식 놓고
자녀들이 자라고
성인이 되어 독립하니
내 나이 어느덧 육십

온전히 내 생각과 뜻대로
오롯이 내 인생을 살아갈 수 있는 나이
육십이 참 좋다
그 자유로움이 참 좋다
그 여유가 좋다

사랑

진달래꽃 고운 빛깔
살빛 같은 연분홍빛 안개가
살포시 내 마음에 내려앉는다

너와 나의 마음 오가는
분홍빛 안갯속
철쭉의 화사한 꽃망울 필둥말둥

나에게도
조금만 더 온기를 준다면
행복한 꽃망울 활짝 피어날 텐데

붉은 철쭉의 화려함으로
피어나야 할 사랑일까
붉은 장미의 가시로
남아야 할 사랑일까

남풍과 북풍이 오가는 밤이다

그날이 봄

어릴 적 나의 봄은
엄마가 부쳐주던 화전을
먹던 그날이 봄이다

겨울옷 벗고
꽃샘추위에
엄마 몰래
짧은 치마 꺼내입던
그날이 봄이다

내 아이들에게
화전을 부쳐주던
그날이 봄이다

입학식 소환

아버지가 맞춤으로 사주신
햇살에 빛나는 새 자전거 타고
십리 길 중학교 입학식 가는 길
낯선 친구들과의 만남에
마음은 마냥 설렌다

꽃샘추위로 손은 꽁꽁 얼고
씽씽 달리는 바람결에
귀밑 단발머리가 팔랑거린다

신작로 아지랑이 아른아른
부드럽게 코끝 간질거리는 바람 소리

돌아오는 자전거는
가만히 있어도 굴러가는 듯 빠르기만 하다.

물처럼 흐른다

삶은 물처럼 흐른다
젊은 날은
삶은 퍼즐 맞추듯이
온 힘을 다해
꿰어맞추듯이 살았다

그래야만 되는 줄 알고
그것이 삶을 살아내는 것인 줄
알았는데
뒤돌아보니 모래성에
쌓아 올린 성이다

온 동네가 꽃 잔치 중
아이들이 꽃 속으로 걸어간다
꽃이 아이들인지
아이들이 꽃인지

해맑게 웃는 아이 얼굴이 꽃이다
또르르 웃는 웃음소리가 노래다
사람의 꽃은 아이들이다

둘이서

혼자보다는 둘이 좋다
혼잣말을 쏟아 본들
소리 없는 메아리

긴소리
짧은소리
쉰 소리
정답도
틀린 소리에도

맞장구치는 소리
실없는 소리에
돌아오는 웃음소리
사람 사는 소리

아버지의 전화

따르릉따르릉
아버지의 전화
이름만 부르고는
말이 없다

한참 후
참을 忍 자 세 개를
꼭 새기고 살아라
세월이 지나면
너를 알아주는 사람이 있을 거다
그리고는
뚝!

유언과도 같았던 아버지의 말씀
꼭꼭 눈물을 삼키며
뒤돌아보지 않고
앞만 보고 가기로 한다
후회 없는 삶을 살기 위해

세월이 흘러 뒤돌아보니
침 한번 꿀떡 삼키고
참아 내기를 참 잘했구나!

제3부 봉정암 가는 길

종점
어머니의 노고
지하철
내 사랑은
우물
어머니
조개껍데기
매미
백담사 계곡
봉정암 가는 길
구름

종점

내가 타고 다니는
153번 버스 종점에 가면
마지막 내리는 사람도 있고
새로 출발하는 사람도 있다

끝점이면서 시작점이다
종점은 다시
시작할 수 있는
새 출발의 의미로 다가온다

종점은
희망의 시작점이다

어머니의 노고

아버지의 병 수발 14년
엄마의 희생으로
자식들은 각자의 생업

아버지가 살아 계시는 동안
엄마의 노고가 당연하다고 생각했다

아버지가 떠나신 후에야
어머니의 힘들고
고된 일상들이
고통이었다는 것을…

사랑합니다
상옥씨

지하철

새벽 출근길
김밥 속 같은 긴 터널

까만 머리 둥두둥
빨간 머리 동동
노란 머리
밀려 밀려 속을 채운다

하루의 생존을 위해
밀물처럼 썰물같이
휘감겨 이리저리
나부낀다

내 사랑은

내 사랑은
힘들 때 곁을 지켜주는

내 사랑은
평온과 위로를 주는

내 사랑은
결핍은 채워주는

내 사랑은
나누고 채워주고 지켜주는
울타리 같은
그런 사랑이다

우물

어릴 적 집안 마당
우물이 있었다

샘이 얼마나 깊었는지
겨울에는 따뜻하고
여름에는 얼마나 차가운지

한여름 바가지로 금방
퍼 올린 물로
아버지가 등목하자 하시면
자라처럼 목을 움츠리고
슬금슬금 도망가던 기억

마을의 공동 우물을
사용하지 않고
집안 마당에 샘을 파서
우물을 만드신 뜻이

엄마를 위한 아버지의
깊은 사랑이라는 것을 깨달았다
엄마는 아버지의 사랑이
얼마나 깊은지 아셨을까

어머니

오일장 날
방앗간 한 모퉁이에 앉아
장에 가신 엄마를 기다리며
신작로 산모퉁이를
하염없이 바라본다

아지랑이 아물아물
가물가물 노랑나비가 날듯이
노란 꽃무늬 한복
곱게 차려입고
양산을 받쳐 든 엄마
꽃보다 이뻤다

조개껍데기

바닷가
모래밭 거닐다
눈에 밟힌 조개껍데기
여기저기 널브러진 채
차갑게 잠에 빠져 있다

보드라운 살갗
미끈거리는 살점만 빼먹고
그 안에 있던 조갯살은 누가 다 먹어 치웠을까
쏟아지던 녹색의 피는 누가 다 빨아 먹었단 말인가

맛있다 물어 뜯어먹던 그 많은 군상들
게걸스레 처먹다 바스락 소리에도
꼬리를 말아 올리는 반려견처럼
지금은 다 어디로 가버리고 흔적조차 없는가

매미

방학이 끝나가는구나
밀린 숙제는 어떡하지
아버지께 혼날 텐데

숙제는 하기 싫고
방학은 끝나 가는데

아,
나도 매미처럼 울고 싶다
놀 때는 좋았는데
벌써 개학이라니

그때 알게 된
시간의 소중함
지금까지 머릿속에
꼭꼭 박혀 있다

백담사 계곡

곱디고운 단풍은
어디로 갔을꼬

올망졸망 쌓아 놓은
돌탑들이
백색의 고운 빛깔 옷을 입고
동자승처럼
웃고 있다

엄동설한 무슨 소원이
이리도 급했을까
아기 돌탑들이 옹기종기 모여
손가락 호호 불며
누구 소원부터 들어줄까

떠오르는 태양
쌩긋 웃는 웃음에
눈물이 또르르
고드름 한 가닥

봉정암 가는 길

가다 죽어나
집에서 죽어나
죽는 건 같은 것

새벽어둠 뚫고
용대리로 간다
마음은 벌써 깔닥 고개를 넘어간다

백담사 출발
영시암까지 두 시간
수렴동 대피소까지 또 한 시간
컵라면에 김밥 한 줄 커피 한잔

쌍용 폭포까지 세 시간
깔딱 고개를 넘어간다
땀은 빗물처럼 흐르고
숨은 차다 못해
턱턱 막힌다

용아장성 벽을 삼아지는
노을이 그리는 한 폭의 그림
표현할 수 없는 충만한 희열감
온몸을 휘감고
노을과 내기하듯
늦은 발걸음 떼어 놓는다

구름

구름에 달 가듯이
뭉게구름

있는 듯 없는 듯
있는가 하면 흩어지고
없는가 살펴보면
어느새 또 다른 모양

아침이면 밝은 실빛으로
저녁이면 온통 붉게 타는 노을로

저 넓은 하늘을
자유자재로 하는구나!

너는
달 별 태양의 오작교

제4부 산과 같은 사람

산과 같은 사람
인생사
워커힐
소중한 추억
나의 공주님
방앗간
영랑호
여의도
낙동강
인연(2)

산과 같은 사람

산이 네게 왔다

겨울 설악의
수묵화처럼
담담하고
묵묵하구나

가볍지 않은
흔하지 않은
너의
그 묵직함이 좋다

인생사

인간 세상사에
왜 태어났을까?

희로애락을
느끼며 살다 보니!

인생사 고갯마루에 올라
잠시 숨 고르기 하다
뒤돌아보니

타는 저녁노을
성큼 다가와 발밑
돌아갈 길을 재촉하는구나.

워커힐

일 년에 한 번씩 하는
가족여행

집에서 십 분 거리
그래도 여행이다

일상생활의 모든
잡다한 번거로움을
내려놓고
모여서 앉는다

쫑알쫑알 밤새 수다스럽다
발언권을 받으려면
번호표를 뽑아야 한다

아!
오늘의 대화는 어디에서
끝이 날까

한강 변의 아름다운 야경
밤 깊은 줄도 모르고
빛을 뽐내며
막내의 인생사 고민은
아직도 연애사 이야기다

소중한 추억

나에게 가장 소중한 것은
아이들이 자라면서 보여준
이쁜 짓 이쁜 말 이쁜 모습

개구쟁이 말썽부리던 기억
아직도 쟁쟁하게 들리는
끝없는 웃음소리들
나의 전두엽 어딘가에
사진처럼 각인 되어있다

아이들에게 말한다
엄마에게 가장 소중한 보물은
자라면서 같이 만들어간 추억들이다

자라면서 보여준 이쁜 짓으로
부모에게 모든 효도 다했다
이제부터 너희들
각자의 삶을
자유롭게 거침없이
걸림이 없게 살기를 바란다

나의 공주님

친구 같은 나의 딸
내 인생의 멘토

세상 물정 몰라서
이리저리 헤매는
엄마를 불안한 시선으로
바라봤을 딸의 심정을
헤아려 본다

평생 눈치를 안 보고 살아
눈치도 없다고
오늘도 핀잔을 준다
그래도 좋다

엄마가 귀엽다고
껌둥이라 부르는 내 딸
나의 공주님

방앗간

아버지와의 추억
방앗간 문 앞에서
아버지와 눈이 딱 마주쳤다
돈 오 원을 주신다

점방으로 뛰어가 돌 사탕을 산다
보리방아 찧는 고에 들어가
미끄럼을 탄다
또 아버지와 눈이 또 마주친다
십 원을 주신다

이번에는 우유과자를 산다
방앗간 옆 버드나무 아래
평상에서 엄마 몰래 먹고
친구들과 고무줄놀이한다.

눈만 마주치면 동전을
주시던 아버지

아파트 엘리베이터 앞에서
아이들을 만나면
웃음이 절로 난다
무엇이라도 집어서 주고 싶다
아버지도 이런 마음이었을까
아이들은 꽃이다

영랑호

해사한 벚꽃길
울산 바위가 호수에
그림처럼 들어앉았다

청둥오리 날갯짓
갈대숲 물결은
새로운 그림을 만들고

타는 저녁노을은
설악을 물들이고

산천은 의연한데
범바위 화랑의 기상은
어디로 갔나!

여의도

여의도 떠오르는 생각
국회의사당
윤중로 벚꽃길
하나를 더한다

시인대학
시를 쓴다는 설렘으로 왔건만
정작으로 쫓아가기도 버겁다
목요일이 기다려진다

이제야 얼굴이 익어가는 동기생들
노구를 이끌고 열정적인
강의하시는 교수님

정확히 짚어 주시고
꼼꼼히 챙기는 열정에
다시 한번 탄복한다
교수님의 인생이 저리하셨으리라

낙동강

내 고향 낙동강 줄기
봄에는 온 들판이 초록으로
가을에는 황금 들판으로

제방을 따라서 걸어가는
어릴 적 추억 한 조각

전교생이 벌거벗고
선생님과 함께하던 여름철 물놀이
자맥질 자랑하던 친구들
물속에서 기마 놀이하던 친구
지금은 어디서 무엇을 할까

지금은 상상도 할 수 없다
여름이면 떠오르는
아름다운 추억이다

인연(2)

우리 처음 본 그날을
너도 기억하고 있을까
반가운 손님으로 왔다
설레는 떨림만 남겨 놓고 갔네

한참 시간이 지나
문득 떠오른 그대 생각
어디선가 아들딸 콩닥콩닥
잘살고 있겠지

바람처럼 스쳐 갔던 인연
천년을 묵혀 놓았던
그 바람이 밀물처럼 밀려와
작은 호수 파문을 일으키고
그리운 설렘에 잠 못 이루는
밤이다

에필로그

지난 이십여 년의 시간들은
나에게는 인고의 시간
살아내어야만 하는 시간이었습니다.

나를 잘 갈무리하며
살아갈 수 있게 해준
부모님의 정신적 유산과
어린 시절 추억의 파편들을 담아 보았습니다.

이제는 모두 내려놓고
자유롭게 날아가고 싶습니다.

박종규 교수님의 지도와 격려 속에
시집을 출간하게 되었습니다.

진심으로
감사의 말씀을 드립니다.

        2024년 8월 3일
        시인 정 수 연

초판 인쇄	2024년 08월 06일
초판 발행	2024년 08월 09일
지 은 이	정 수 연
발 행 처	다담출판기획 TEL : 02)701-0680
	서울시 영등포구 영신로30길 14, 2층
편 집 인	박 종 규
등 록 일	2021년 9월 17일
등록번호	제2021-000156호
I S B N	979-11-93838-20-4 03800
가 격	12,000원

본 책은 지은이의 지적재산이므로 무단전재와 복제를 금합니다.